PARA CUIDAR
EL ALMA

PENSAMIENTOS PARA CUIDAR EL ALMA

Frederic y
Mary Ann Brussat

Traducción
Gabriela Bucher B.

GRUPO
EDITORIAL
norma

Barcelona, Bogotá, Buenos Aires, Caracas,
Guatemala, México, Miami, Panamá, Quito, San José,
San Juan, Santiago de Chile

Edición original en inglés:
100 WAYS TO KEEP YOUR SOUL ALIVE
de Frederic y Mary Ann Brussat.

Una publicación de HarperSan Francisco,
division de HarperCollins Publishers, Inc.,
10 East 53rd Street,
New York, NY 10022, U. S. A.
Copyright © 1994 por Frederic y Mary Ann Brussat.

Primera reimpresión, 1995
Impreso por Cargráphics S. A. — Imprelibros
Impreso en Colombia — Printed in Colombia
Septiembre, 1995

Dirección editorial, María del Mar Ravassa G.
Edición, Patricia Torres Londoño
Diseño de cubierta y diagramación,
Carmen Elisa Acosta G.

ISBN: 958-04-3027-6

Contenido

Introducción

Cuidar el alma y mantenerla viva y en buena condición es una aventura, un reto encantador, una responsabilidad creciente y una práctica espiritual esencial.

Nuestro primer encuentro con la expresión "cuidar el alma y mantenerla viva" surgió de las páginas de la novela *La Edad de Hierro* (*Age of Iron*, 1990), de J. M. Coetzee, en la cual la protagonista, una profesora de literatura clásica jubilada y establecida en Suráfrica, le escribe a su hija: "Estoy tratando de mantener viva mi alma en estos tiempos inhóspitos para el alma". Nosotros decidimos, entonces, investigar qué requisitos exigía este esfuerzo.

Pronto aprendimos que mantener viva el alma es una tarea urgente en los tiempos difíciles de la vida; pero, tal vez, es aun más importante hacerlo en los buenos tiempos. Esto tiene que ver con el proceso de llegar a la propia elaboración del alma; se trata de la atención continuada que implica la frase "cuidado del alma".

¿Qué se requiere para mantener viva el alma?

No es necesaria una explicación detallada de lo que significa "alma". De hecho, el alma escapa a las explicaciones e intentos de definición. Aunque no se la defina, su existencia se reconoce y se manifiesta. Notamos, por ejemplo, que algunos objetos tienen "alma", y describimos algunos comportamientos como "conmovedores, llenos de alma".

Ciertas palabras están naturalmente ligadas al alma, como *profundidad*, *sentido*, *valor*, *naturaleza esencial*, *originalidad*, *imaginación*, *pasión*, *misterio*. Identificamos el alma por la *calidad* de nuestras experiencias.

Incluimos, a continuación, otras nociones de lo que es el alma, junto con algunas ideas que hemos llegado a interpretar como sus mensajes.

❖ El alma saborea el instante. No se la encuentra refugiándose en el pasado, ni esperándolo a usted en el futuro. Ella le dice que hay que poner atención a lo que le está sucediendo a usted ahora mismo.

❖ El alma habla su propio y particular lenguaje en los momentos de confusión y desgracia de la vida. No huye de los problemas, ni está por encima de los conflictos diarios. Usted no tiene que arreglar todos sus problemas cotidianos para poder relacionarse con ella.

❖ El alma goza con las cosas sencillas: el amor verdadero, el asombro infantil, la humildad aprendida en casa.

❖ El alma también se revela en la complejidad. Es evidente su presencia en el laberinto de los sentimientos, de los pensamientos y de los compromisos.

❖ El alma es una generadora de significados. Siempre asocia cosas dispares y engendra nuevas posibilidades. Pide que estemos abiertos a lo inusitado y a lo nuevo.

❖ El alma es profunda y no le gusta deslizarse por la superficie. Prefiere llegar al fondo de las cosas para encontrar tesoros.

❖ El alma está siempre buscando nuevas experiencias. Le gusta tomar el camino largo a casa. Hay que ser paciente con su caminar zigzagueante y azaroso.

❖ El alma aprecia el gozo. Se deleita en los sentidos y en la voluptuosidad del ocio. Quiere que nos consintamos de vez en cuando.

❖ El alma anhela la belleza y la busca continuamente. Nos invita a emprender esa aventura con ella.

❖ El alma y la alegría son buenas amigas. Déjelas estar juntas tanto como sea posible. Déle siempre libre expresión a los ardores de su alma. No reprima su entusiasmo ni su felicidad; tampoco sus lágrimas.

❖ El alma se comunica con los demás a través del amor, la compasión y el perdón. Permita que su música resuene en sus palabras y en sus acciones.

❖ El alma se satisface y encuentra su plenitud dentro de la comunidad. Reconozca que su familia, sus amigos, sus vecinos y colegas representan oportunidades de cooperación espiritual.

❖ El abrazo del alma a las cosas y a las personas es amplio y acogedor. Ella es hospitalaria con los extranjeros y goza con la oportunidad de ser un ángel para otra alma necesitada. Nunca reprima este impulso.

❖ El alma se expresa mediante la imagen y la imaginación. Es una gran contadora de historias que hila sueños y fantasías. No ignore estos mensajes.

❖ El alma crece frente al riesgo, la renovación y los viajes. No tenga miedo; sea aventurero.

❖ El alma busca el silencio y la soledad para escuchar la suave voz de Dios. Atesore los momentos silenciosos y deje espacio para ellos en medio de las actividades de su vida.

❖ El alma se nutre a través del continuo aprendizaje. Muchos textos sagrados y otras fuentes se dirigen a sus necesidades más profundas e iluminan su camino. Recuerde que un poco de estudio cada día es bueno para el alma.

❖ El alma también se alimenta de rituales y celebraciones. Marque su vida con estas ocasiones especiales.

❖ El alma agradece y reconoce lo que tiene. Sea consciente de esta actitud. El alma sabe que normalmente tenemos más de lo que necesitamos o merecemos.

❖ El alma misma es un misterio y, por

lo tanto, tiene mucho respeto por lo inexplicable. No trate de descifrarlo todo.

Tratamos de encontrar una definición del alma y terminamos con estas nociones y deberes. Lo que sabemos es que no nos atrevemos a ignorar esta dimensión esencial de nuestra vida. Cuanto más tratamos de entenderla, más nos convencemos de la importancia de honrar, alimentar, curar, ampliar y cuidar nuestra alma.

A través de todas las épocas, los maestros espirituales, los místicos, los filósofos, los líderes y los artistas nos han mostrado que hay formas específicas de mantener viva el alma. Este libro incluye muchas de sus sugerencias; aquí hay lugares para estar, actitudes para asumir, perspectivas para abrazar y acciones para intentar.

Algunas de estas estrategias vienen de maestros y textos antiguos, pero la mayoría son de escritores contemporáneos.

Lo invitamos a explorar sus obras y a descubrir aun más formas de mantener viva su alma.

A cada cita le sigue una invitación a hacer algo práctico y concreto. Considere estas invitaciones como los primeros pasos en su esfuerzo por cuidar su alma. Como muchos primeros pasos, algunas son preguntas.

Este libro no presenta un programa de autosuperación para vivir sin problemas. El cuidado del alma no es sólo satisfacción, comodidad o diversión. Siguiendo los consejos que le damos aquí, muy probablemente usted se acercará más no sólo a su vida interior, sino también a sus vecinos y al mundo en general. Estos contactos ocurren rara vez sin dolor y dificultad, pero son señas de una vida profunda y plena.

Esta colección de citas y actividades no trata de señalar las maneras "correctas" o los únicos pasos posibles para mantener viva su alma. Si las mira con atención, usted se dará cuenta de que algunas estrategias contradicen a otras. Probablemente encontrará que prefiere unas a otras. A nosotros nos sucede lo mismo. Pero lo que pronto quedará claro, es que no hay un camino único hacia el alma que sea apropiado para cada persona en todo momento. En relación con el alma, nunca podemos ser definitivos. Mantener el alma viva no significa hacer esto en vez de aquello. El alma siempre es tanto esto como...

Vivir el momento

Yo me lamentaba del pasado y temía el futuro. De repente, Dios habló: "Mi nombre es 'Yo soy'". Esperé, y Dios continuó:

"Es difícil vivir en el pasado, con sus errores y arrepentimientos. Allí no estoy yo. Mi nombre no es 'yo era'".

"Es difícil vivir en el futuro, con sus problemas y temores. Allí no estoy yo. Mi nombre no es 'yo seré'".

"No es difícil vivir en el presente. Yo estoy aquí. Mi nombre es 'Yo soy'".

HELEN MELLICOST

Haga hoy algo totalmente espontáneo, sin pensar en las experiencias del pasado o en las consecuencias futuras.

ENTRAR EN LOS "CUATRO CUARTOS"

Hay un axioma o proverbio hindú que dice que todo el mundo es una casa con cuatro cuartos: uno físico, uno mental, uno emocional y uno espiritual. La mayoría de nosotros tiende a vivir gran parte del tiempo en un solo cuarto; pero, a menos que entremos en todos los cuartos cada día, aunque sea sólo para mantenerlos aireados, no seremos personas completas.

RUMER GODDEN

Establezca cuál es el estado de sus cuatro cuartos. ¿Cuál parece ser el que usted visita con mayor regularidad? ¿Cuál necesita ventilación?

SER BONDADOSOS

No podemos hacer que el Reino de Dios comience ahora, pero podemos preparar el camino a medida que se acerca. Podemos ser bondadosos con los demás, y ser bondadosos con nosotros mismos. Hacer que la oscuridad retroceda un poco; abrir espacios de luz en nuestro interior y en medio de nosotros, donde Dios pueda establecer su Reino.

FREDERICK BUECHNER

Piense en formas de ser bondadoso con alguien cada día.

MANTENER LA CALMA

Trataré de mantener la calma; de mantener mi nivel de vida modesto y de ser constante — y aun humilde — en mi trabajo; con el mismo espíritu de esos talladores medievales que con tanto amor esculpieron la parte inferior de las sillas del coro.

JOHN UPDIKE

Que su trabajo no dependa de la esperanza de recibir reconocimiento o gratificación a cambio.

ESTAR ATENTO

La "zarza ardiente" no fue un milagro. Fue una prueba. Dios quería saber si Moisés podía prestar atención a algo durante un lapso mayor que unos pocos minutos. Cuando Moisés lo hizo, Dios habló. La clave es prestar atención a lo que sucede a nuestro alrededor durante el tiempo suficiente para contemplar el milagro sin dormirse. Existe otro mundo, aquí mismo dentro de éste, cuando estamos atentos.

LAWRENCE KUSHNER

Observe a su alrededor,
hasta que vea un milagro.

BUSCAR LO SAGRADO
EN LO ORDINARIO

La gran lección de los verdaderos místicos... es que lo sagrado *está* en lo ordinario y que podemos encontrarlo en la vida diaria, en los vecinos, en los amigos, en la familia, en nuestro patio trasero...

ABRAHAM H. MASLOW

Encuentre la evidencia de lo sagrado en las cosas, las personas y los lugares que lo rodean. ¿Qué tienen de extraordinarias las cosas ordinarias?

DESCUBRIR EL ALMA EN LAS COSAS

Decorar su casa con objetos que tengan alma puede requerir tiempo. La buena ropa de casa, un tapete especial o una simple tetera pueden enriquecer no sólo su propia vida sino también la vida de sus hijos y nietos. El alma se solaza en este sentido extenso del tiempo. Pero no podemos encontrar el alma en una cosa si no nos hemos detenido a observarla y a estar con ella por un tiempo. Hay cierta intimidad en esta observación.

THOMAS MOORE

Tenga en su casa un objeto que quisiera compartir con sus descendientes.

Conservar la capacidad de florecer

Todos nosotros, niños y adultos, somos hermosas flores. Nuestros párpados son como pétalos de rosa, especialmente cuando tenemos los ojos cerrados. Nuestros oídos son como margaritas que escuchan el cantar de los pájaros. Nuestros labios forman una hermosa flor cada vez que sonreímos. Y cada una de nuestras manos es un loto de cinco pétalos. El ejercicio consiste en conservar nuestra floración viva y presente, no sólo para nuestro propio beneficio sino también para la felicidad de todos.

THICH NHAT HANH

Observe cómo usted se comunica con el mundo a través de los ojos, los oídos, los labios y las manos.

RECONOCER EL ALBA

Un viejo rabino preguntó cierta vez a sus alumnos cómo podían ellos decir que la noche había terminado y que el día había comenzado.

"¿Podría ser — preguntó uno de los alumnos — cuando al ver un animal de lejos, se puede decir si es una oveja o un perro?"

"No", respondió el rabino.

Otro preguntó: "¿Es cuando, al ver un árbol de lejos, se puede distinguir entre una higuera y un peral?"

"No", respondió el rabino.

"Entonces ¿cuándo es?", preguntaron los alumnos.

(sigue)

"Es cuando puedes mirar a cualquier hombre o mujer y ver que es tu hermano o tu hermana. Porque si no puedes ver esto, aún es de noche".

CUENTO HASÍDICO

Mire fotografías de personas de distintas razas y culturas alrededor del mundo, y descubra en ellas a sus hermanos y hermanas.

VIVIR EN LA GRAN CASA DE LA MORAL

Me siento agradecido de que vivamos todos juntos en esta gran casa de la moral, aunque todos no bebamos de la misma fuente de fe. El mundo que experimentamos juntos es uno solo: el mundo de Dios y nuestro mundo; y los problemas que compartimos, son problemas comunes a la condición humana. Así que podemos hablar, tratar de entendernos y ayudarnos unos a otros.

LEWIS B. SMEDES

Observe cuánto ha aprendido usted acerca de usted mismo y del mundo, a través del contacto con todos los que lo rodean.

REMENDAR EL MUNDO

La acción de remendar es una buena metáfora para la vida espiritual diaria. Cada uno de nosotros es parte del gran tejido que es la comunidad del mundo. Cuando una pareja que vive en su casa de adobe en el Africa mantiene una relación justa y alegre, el mundo es un poco mejor gracias a ella... Somos miembros valiosos de la comunidad humana cuando asumimos nuestro inventario moral y le hacemos remiendos diarios por nuestros errores.

MAVIS Y MERLE FOSSOM

Revise diariamente sus acciones, y trate de corregir un error cada noche, antes de acostarse.

Rezar por alguien

Recuerdo haber leído hace algunos años un pequeño folleto escrito por Frank Laubach, un gran hombre religioso, en el que él describía una de sus prácticas de oración. Cuando iba de viaje, incluso en un autobús urbano en un pequeño recorrido por la ciudad, trataba de encontrar a alguien a su alrededor que pareciera estar angustiado, o simplemente solo o cansado, y dirigía sus oraciones hacia esa persona, como si la presencia divina estuviera fluyendo desde él hacia ella.

H. L. PUXLEY

Encuentre a alguien a su alrededor que necesite ayuda, y rece por esa persona.

BUSCAR LA RIQUEZA ESENCIAL

Lo más necesario para un ser humano, y lo que le es dado en gran abundancia, son las experiencias. Especialmente, la experiencia de las fuerzas que tiene dentro de sí. Éste es su alimento más esencial, su riqueza esencial. Si el ser humano recibe conscientemente toda esta abundancia, el universo verterá en él lo que el judaísmo llama *vida*, el cristianismo *espíritu*, el islamismo *luz* y el taoísmo *poder*.

JACOB NEEDLEMAN

Identifique uno de sus tesoros interiores y sienta su abundancia.

EMBRIAGARSE DE ESPÍRITU

La embriaguez espiritual ocurre cuando un hombre siente más alegría y dulzura de las que su corazón puede contener o desear. Ella trae consigo extraños comportamientos en los hombres. Hace que algunos canten y alaben a Dios porque están colmados de felicidad, y que otros lloren copiosamente por la dulzura de su corazón. Hace que unos se sientan tan inquietos, que no pueden menos que correr, saltar y bailar; y también impulsa a otros a gesticular y aplaudir.

JOHN OF RUYSBROECK

Muéstrele al mundo que hay momentos en los que usted simplemente no se puede contener.

Tener una mente de principiante

Si su mente está vacía, siempre está disponible para cualquier cosa; está abierta a todo. En la mente del principiante hay muchas posibilidades; en la mente del experto hay pocas.

SHUNRYU SUZUKI-ROSHI

¿Cuál es el área en la que usted es verdaderamente un principiante?

ESTAR ABIERTO
A LAS "EPIFANÍAS"

Una epifanía es la súbita comprensión de una verdad significativa, a consecuencia, generalmente, de un evento cotidiano. En ese momento especial, un significado de la vida se nos hace evidente: tenemos una revelación sobre nuestra personalidad, hacemos un descubrimiento de algo que valoramos o en lo cual creemos, tenemos una aguda visión del lugar que ocupamos en la vida... Estos momentos pueden determinar el curso de nuestra vida tanto como la manera como resolvemos una crisis.

ROBERT U. AKERET
Y DANIEL KLEIN

Reflexione sobre las epifanías que usted ha experimentado. ¿Cómo han cambiado ellas su vida?

No vivir superficialmente

Usted seguramente ha oído hablar de una enfermedad extendida en el Africa Central llamada enfermedad del sueño... El alma también sufre de una enfermedad del sueño. Su aspecto más peligroso consiste en que no es posible darse cuenta de que se está desarrollando; por eso hay que ser tan cuidadoso. Tan pronto como usted note el más pequeño signo de indiferencia, la pérdida de cierta seriedad, de la esperanza o del entusiasmo, tómelo como una advertencia. Sea consciente de que el alma sufre si se vive superficialmente.

ALBERT SCHWEITZER

Observe su comportamiento. ¿Tiende usted a ser indiferente o entusiasta?

Ir a un retiro espiritual

Un retiro espiritual es un remedio para la desnutrición del alma. Mediante el silencio, la práctica solitaria y la vida simple, empezamos a llenar ese estanque vacío. Empezamos a levantar los velos, a disolver las máscaras y a crear espacio interior para los sentimientos de perdón, compasión y amor bondadoso, que muy a menudo están bloqueados.

DAVID A. COOPER

Tenga un retiro espiritual aun cuando usted sólo pueda alejarse de sus actividades por unas pocas horas.

SER COMPASIVO

La compasión es la base de toda relación verdadera: significa estar presente con amor — hacia nosotros mismos y hacia la vida entera, incluyendo animales, peces, pájaros y árboles. Ser compasivo es poner nuestra verdad más profunda en nuestras acciones, sin importar cuánta resistencia encontremos, porque eso es finalmente lo que tenemos para darle al mundo y para darnos los unos a los otros.

RAM DASS

¿Quién o qué necesita su compasión hoy?

CULTIVAR LA JUSTICIA

La justicia es un complejo conjunto de pasiones que se debe cultivar, y no un conjunto abstracto de principios que se formulan, se controlan y se imponen a la sociedad... El sentido de justicia es, primero que todo, nuestra respuesta emocional a un mundo que no siempre está a la altura de nuestras expectativas y exigencias. El sentido de justicia, en otras palabras, tiene su origen en emociones como el resentimiento, los celos, la indignación y la venganza; así como en la compasión y la preocupación por los otros.

ROBERT C. SOLOMON

Señale una injusticia que lo perturbe. ¿Cuál es la primera emoción que tal injusticia le despierta?

AUTODEFINIRSE

Una pequeña crítica me enfurece, un poco de rechazo me deprime. Un pequeño elogio levanta mi espíritu y un poco de éxito me entusiasma. Basta muy poco para elevarme o hundirme. A menudo soy como un pequeño barco en el mar, completamente a merced de las olas. Todo el tiempo y la energía que gasto en mantener un poco de equilibrio y en evitar naufragar y ahogarme, demuestra que mi vida es más que todo una batalla por la supervivencia. Y no una batalla santa, sino una batalla angustiosa que resulta de la idea errada de que es el mundo — y no yo — quien me define.

HENRI J. M. NOUWEN

Haga caso omiso de lo que los
demás piensan de usted.

SER HOSPITALARIO

La hospitalidad consiste en hacer entrar a la gente en el espacio de nuestra vida, nuestra mente, nuestro corazón, nuestro trabajo y nuestro esfuerzo. Es la manera como salimos de nosotros mismos. Es el primer paso hacia el derrumbe de las barreras del mundo. La hospitalidad es el camino para transformar, corazón a corazón, un mundo lleno de prejuicios.

JOAN D. CHITTISTER, O.S.B.

Una puerta abierta, una invitación e, incluso, una mirada pueden mostrar su hospitalidad.

Amar al leproso que llevamos dentro

Dios nos llama a todos a tomar la vía de la verdad interior, y eso significa asumir la responsabilidad de *todo* lo que somos: de lo que nos gusta y lo que nos avergüenza, del rico y del pobre que hay dentro de cada uno de nosotros. San Francisco de Asís llamó a esto "amar al leproso que llevamos dentro". Si aprendemos a amar al pobre que tenemos dentro, descubriremos que también tenemos espacio para la compasión "exterior". Que hay espacio para los otros dentro de nosotros, para los que son diferentes, para los de menor importancia entre nuestros hermanos.

RICHARD ROHR

Tenga un amigable diálogo con esa parte de usted que lo avergüenza.

NO HACER COMPARACIONES

Todo el mundo es único.
No se compare con nadie más,
no vaya a ser que dañe
el curriculum de Dios.

BAAL SHEM TOV

Destaque aquello que es único en usted.

Saber cuándo tenemos suficiente

Gran dificultad sobreviene
por no saber cuándo tenemos
suficiente.
Grandes conflictos surgen por querer
demasiado.
Cuando sepamos cuánto es suficiente,
siempre habrá suficiente.
(Tao 46)

LAO TZU

---

*Haga una lista de todas sus conductas,
posesiones, ideas y emociones excesivas.
¿Cuántas de ellas son verdaderamente
necesarias?*

Reparar el karma

Equipo de reparación del karma: artículos 1-4.

1. Consiga suficiente comida para alimentarse, y aliméntese.
2. Encuentre un sitio tranquilo para dormir, y duerma allí.
3. Reduzca el ruido intelectual y emocional hasta que llegue a su silencio, y escúchelo.
4.

RICHARD BRAUTIGAN

Tómese unos minutos cada día para escuchar su silencio.

Encontrar un hogar

Si queremos aprender algo del campo, debemos observar en lugar de hacer preguntas. Es necesario que nos acerquemos a la tierra, en la misma forma en que nos acercaríamos a una persona: entablando con ella una conversación inteligente. Y antes de establecernos en un lugar, debemos observarlo larga y lentamente. Siempre seremos recompensados si reconocemos que la tierra nos da mucho más de lo que nos imaginamos, y si somos conscientes de que ella es aun más compleja que nuestro lenguaje. Así empezaremos a encontrar y a configurar un hogar.

BARRY LOPEZ

Dé un paseo por el lugar donde usted vive y haga una larga y lenta observación de él.

EJERCITAR LA IMAGINACIÓN

La imaginación tiene la tarea de crear símbolos, de asociar las cosas de tal manera que arrojen nueva luz sobre ellas mismas y sobre todo cuanto las rodea. La imaginación es una capacidad de descubrimiento, una facultad para ver relaciones y significados especiales e, incluso, novedosos.

THOMAS MERTON

Mire a su alrededor y trate de descubrir las relaciones secretas que unen a todas las cosas y las personas entre sí.

Descubrir sorpresas

Cuando yo tenía seis o siete años, acostumbraba esconder una moneda en algún lugar, para que alguien la encontrara. Me emocionaba mucho pensar en el primer transeunte con suerte que recibiría de esta manera — inmerecidamente — un regalo gratuito del universo...

He estado pensando sobre el acto de ver. Hay muchas cosas que ver en este mundo, regalos sin abrir y sorpresas gratuitas. El universo está totalmente cubierto de monedas regadas en abundancia por una mano generosa.

ANNIE DILLARD

¿Cuándo fue la última vez que recibió un sorpresivo regalo del universo?

COMPARTIR LA BELLEZA

Todos compartimos la belleza. A todos nos impacta. La belleza no tiene límites para quien es consciente de ella. Hasta las grietas del pavimento contienen diseños geométricos de asombrosa belleza. Si tomáramos fotografías de estas grietas, y las ampliáramos, nos daríamos cuenta de que la belleza siempre está ahí, aun cuando las cosas parezcan feas a nuestro alrededor.

MATTHEW FOX

Piense en la cosa más inesperadamente bella
que haya visto recientemente.

Aprender algo nuevo

Cuando aprendo algo nuevo — y esto sucede todos los días — me siento un poco más a gusto en el universo, un poco más cómodo en mi nido.

BILL MOYERS

Aprenda algo nuevo cada día.

Pensar positivamente

Viajero: ¿Cómo irá a estar el tiempo hoy?

Pastor: Estará como a mí me gusta.

Viajero: ¿Cómo sabe que el tiempo estará hoy como a usted le gusta?

Pastor: Pues, señor, después de haberme dado cuenta de que no siempre puedo tener lo que me gusta, he aprendido a disfrutar siempre de lo que recibo. Por eso estoy bastante seguro de que el tiempo estará hoy como a mí me gusta.

ANTHONY DE MELLO, S. J.

Evalúe su actitud hacia las cosas que no puede controlar ni cambiar. ¿Es ella positiva o negativa?

ADOPTAR LA PERSPECTIVA
DE LA PIÑATA

La mente humana es como
una piñata. Cuando ella se rompe,
salen todas las sorpresas
que tiene dentro.
Una vez que usted adopte
la perspectiva de la piñata,
verá que perder la cabeza
puede ser una experiencia cumbre.

JANE WAGNER

Haga algo extraordinario de vez en cuando.

CAMBIAR DE PIEL

Tenemos que estar dispuestos a olvidarnos de la vida que hemos planeado, para poder tener la vida que nos espera.

Debemos despojarnos de nuestra vieja piel para poder tener una nueva.

JOSEPH CAMPBELL

Abandone ese hábito que ha impedido su crecimiento.

No hacer nada

Un carpintero y su aprendiz caminaban a través de un gran bosque. De repente vieron un viejo roble, enorme, frondoso, hermoso.

"¿Sabes por qué este árbol es tan enorme, tan frondoso, y tan hermoso?", preguntó el carpintero.

"No. ¿Por qué?", le contestó el aprendiz.

"Porque no es útil", contestó el carpintero. "Si hubiera sido útil habría sido cortado hace mucho tiempo y se habría convertido en sillas y mesas; pero como no es útil, pudo crecer tan alto y tan hermoso que puedes sentarte a su sombra a descansar".

CUENTO TAO

Trate de no hacer nada por un rato. No se preocupe de si es productivo o eficiente.

NO TRATAR DE VER MÁS ALLÁ DEL HORIZONTE

Siga caminando,
aunque no tenga rumbo.
No trate de ver
más allá del horizonte.
Eso no nos es dado
a los seres humanos.
Muévase dentro de los límites,
mas no de esa forma
inspirada por el miedo.

RUMI

*Piense en todas las veces que se ha angustiado
inútilmente por alguna predicción que al final
no se cumple.*

Aceptar la incertidumbre como una bendición

La vida es. Yo soy. Cualquier cosa puede suceder. Pero creo que es posible otorgarle un sentido a mi vida.

La incertidumbre es una bendición disfrazada. Si estuviera seguro de todas las cosas, pasaría mi vida angustiado, temeroso de perder el camino. Pero como cualquier cosa es posible, lo milagroso siempre está cerca y las maravillas siempre existirán.

ROBERT FULGHUM

La próxima vez que se sorprenda preguntándose por qué y cómo y cuándo; no responda.

LEER LOS SIGNOS

Sospecho que todos somos receptores de cartas de amor cósmicas. Mensajes, profecías, voces, gritos, revelaciones y llamados se entremezclan en los eventos de cada día. Si sólo supiéramos cómo escuchar, cómo leer los signos.

SAM KEEN

Piense en alguna coincidencia que le haya sucedido recientemente, o en algún hecho que haya confirmado, inesperadamente, algo que usted estaba pensando. ¿Cuál podría ser el mensaje de estos signos?

Ser juguetón

Un alma auténtica y vivaz tiene sentidos rápidos y simpatías múltiples: se transforma con el mundo cambiante, y cuando no está demasiado abatida o defraudada por las circunstancias, encuentra que todo es intenso y cómico. La vida es fundamentalmente un juego libre, y quisiera ser un juego libre todo el tiempo.

GEORGE SANTAYANA

Vuelva a ser niño y recupere su capacidad de juego.

TENER RITUALES

Los rituales son una parte esencial de la vida... Nos dan espacio para ser juguetones, para explorar el significado de nuestra vida, y para construir y reconstruir nuestras relaciones familiares. Nos conectan con nuestro pasado, definen nuestro presente y nos muestran un camino hacia el futuro cuando transmitimos a nuestros hijos ceremonias, tradiciones, objetos, símbolos y formas de estar el uno con el otro, legadas por generaciones anteriores.

EVAN IMBER-BLACK
Y JANINE ROBERTS

Piense en un ritual — religioso, familiar o personal — que signifique mucho para usted. ¿Por qué es tan significativo?

Vivir una vida acompasada

La paz es el resultado de vivir una vida acompasada. Llegamos a ella cuando vivimos cada aspecto de nuestra vida de una manera sacramental. Mis relaciones con los otros no dependen del tiempo libre que me deje el trabajo... No tengo que esperar a estar tranquilo para sentarme a leer. La oración no es algo que practique ocasionalmente, sólo cuando me plazca. Todas estas actividades son canales de esperanza y crecimiento para mí, y a todas debo darles su debido tiempo.

JOAN D. CHITTISTER, O.S.B.

Reflexione sobre la forma como usted distribuye su tiempo. ¿Qué ajustes podría hacer para utilizarlo de una manera más acorde con las necesidades de su alma?

ENTONAR UN CANTO
DE BONDAD

En su colección de poemas en bengalí *Gitanjali,* Rabindranath Tagore nos cuenta cómo la canción que él quería cantar nunca llegó a ser entonada porque él se pasó el tiempo "encordando y desencordando" su instrumento.

Siempre que leo estas líneas, una sensación de tristeza invade mi alma... Estamos tan ocupados con los detalles y las presiones de nuestro horario, con las urgencias y las angustias de nuestra vida, que dejamos pasar, sin darnos cuenta, la canción de bondad que espera a ser cantada a través de nosotros.

JOYCE RUPP

Renuncie a esa actividad que le está impidiendo gozar plenamente de la vida.

Dejar correr
las lágrimas

Los maestros de la vida espiritual: ermitaños, monjes y miembros de antiguas órdenes religiosas, sabían, de tiempo atrás, que las lágrimas tienen un efecto purificador, rejuvenecedor e iluminador. El "don de las lágrimas" era altamente estimado por ellos... Y así como las aguas móviles preceden la aparición del arco iris en la luz primigenia, así también los sollozos preceden el arco iris de la luz que ilumina el alma.

VALENTIN TOMBERG

Llore libremente cuando algo lo conmueva.

PONER AMOR
EN EL MUNDO

Las raíces del amor se hunden profundamente y se extienden muy lejos. Ellas son arterias que nutren nuestra vida; por eso debemos asegurarnos de que reciban el sol y el agua que necesitan para alimentarnos. Y cuando ponemos algo bueno en el mundo, algo bueno recibimos.

MERLE SHAIN

Recuerde un tiempo en el que se haya sentido realmente sostenido por el amor de alguien.

Disfrutar el mundo

Su gozo del mundo sólo será total cuando, al despertar cada mañana, usted se sienta en el Cielo, se vea en el palacio de su Padre y considere que los cielos, la tierra y el aire son un deleite celestial. Con un aprecio reverencial por todo, como si estuviera entre los ángeles.

THOMAS TRAHERNE

Sienta que usted es un viajero en el Reino del Gozo. ¿Qué lugares le gustaría conocer?

No concentrarse
en lo que no se tiene

Hay una sola razón por la cual usted no experimenta la felicidad en este instante, y es porque está pensando o concentrándose en lo que no tiene... En este momento usted tiene todo lo que necesita para estar feliz.

Jesús usaba el sentido común para hablarles a las personas ignorantes, a los hambrientos, a los pobres. Les daba buenas noticias; dependía de cada cual recibirlas y hacerlas suyas.

ANTHONY DE MELLO, S.J.

Aprecie lo que tiene. ¿Qué necesitaría para convencerse de que ya lo tiene todo?

Vivir maravillado

El asombro nos permite descubrir en el mundo indicios de lo divino; percibir en las cosas pequeñas el principio de lo infinitamente significativo; sentir lo fundamental en lo común y lo simple, y en la velocidad de lo transitorio, la quietud de lo eterno.

ABRAHAM JOSHUA HESCHEL

Piense en los indicios de Dios que usted ha tenido en su vida. ¿Qué sensación le han dejado?

COMPARTIR EL DON ÚNICO

Cada uno de nosotros, a medida que viaja por la vida, tiene la oportunidad de encontrar y de dar su don. No importa que éste sea silencioso o insignificante a los ojos del mundo; porque es al encontrar y al dar que podemos conocer la felicidad que contienen tanto las épocas difíciles como las luminosas.

HELEN M. LUKE

Piense en un don suyo que haya enriquecido la vida de otras personas.

Hacerlo, SIMPLEMENTE

Un joven vendedor se acercó a un campesino y le empezó a hablar con entusiasmo sobre el libro que llevaba. "Este libro le dice todo lo que usted necesita saber sobre el campo. Le dice cuándo sembrar y cuándo cosechar. Lo informa sobre el clima, qué esperar y cuándo esperarlo. Este libro le dice todo lo que necesita saber".

"Joven", le dijo el campesino, "ése no es el problema. Yo sé todo lo que hay en ese libro. Mi problema es hacerlo".

JOSEPH GOSSE

Piense en un proyecto que le haya costado trabajo concluir. ¿Qué le falta para llevarlo a cabo?

SER CREATIVO

La creatividad habita en el artista que hay en cada uno de nosotros. Crear significa relacionar. El significado original de la palabra *arte* es *armar,* y todos hacemos eso todos los días... Cada vez que juntamos cosas, estamos creando. Ya sea un pan, un niño, un día.

CORITA KENT Y JAN STEWARD

Haga un collage que refleje algunas de las cosas que usted quisiera juntar, usando lápiz, acuarela, recortes de periódico, fotografías y objetos de casa.

Saber qué momento es

El hombre sabio sabe qué momento es en su propia vida y en la vida de la comunidad. Sabe que percibir el *kairos* (el momento oportuno) es más importante que ajustarse al ritmo compulsivo del tiempo cronológico. El sabio es capaz de entregarse con facilidad a experiencias aparentemente contradictorias porque sabe que pertenecen a diferentes etapas de la vida, y que todas son necesarias para formar el todo. Primavera e invierno, crecimiento y deterioro, creatividad e inactividad, salud y enfermedad, poder e impotencia y vida y muerte, todos pertenecen a la economía del ser.

SAM KEEN

Pregúntese si la etapa actual de su vida es tiempo de cosechar o de retirarse, de trabajar o de relajarse.

RECONOCER EL
MOMENTO DE GRACIA

El momento de gracia nos llega en medio de cualquier situación en la cual nos adentremos. Es una oportunidad que Dios borda en la tela de una situación rutinaria; una ocasión para hacer algo creativo, algo útil, algo que cure, algo que haga que un punto desconocido del mundo esté un poco mejor por haber estado nosotros allí. Lo reconoceremos si usamos nuestro discernimiento.

LEWIS B. SMEDES

Recuerde alguna ocasión en la cual, gracias a su presencia, el lugar donde usted se encontraba fue un sitio más amable.

LEER UN LIBRO

En la vida real tengo escrúpulos, un código moral, un sentido del deber. Vivo confinada. Cuando leo, soy libre para explorar y encumbrarme. Mi ser no tiene límites.

Los libros, con su saber secreto, me liberan de mí misma. Nunca estoy sola. Los más grandes pensadores de la historia esperan junto a mi cama, se sientan pacientemente en estantes, responden cuando los toco. Los busco y están allí, esperando para transportarme a otro reino.

LINDA WELTNER

Deje sus actividades a un lado y pase un día
leyendo ese libro que siempre
ha querido leer.

Sumergirse en la sabiduría antigua

Quien está en la búsqueda religiosa debe bucear en las profundidades de la sabiduría antigua, e intentar sacar a la superficie aquellos conceptos que pueden iluminar la vida de hoy. No toda la verdad será descubierta en el porvenir; parte de ella debe ser rescatada de lo que ha sido olvidado.

DAVID J. WOLPE

Lea algún texto sagrado — la Biblia, el Korán, el Tao Te Ching — y trate de encontrar algún texto que lo conmueva.

Guardar el sabbath

El sabbath es más que un armisticio, más que un intermedio; es una profunda y consciente armonía del hombre con el mundo; una afinidad con todas las cosas y una participación en el espíritu que une lo que está abajo con lo que está arriba. Todo lo que es divino en el mundo se une con Dios. Esto es el sabbath, y la verdadera felicidad del universo.

ABRAHAM JOSHUA HESCHEL

Descanse durante un día esta semana. Trate de no hacer nada de lo que habitualmente hace; simplemente sincronícese con el mundo.

TENER LA MUERTE CERCA

La muerte no está de ninguna manera separada de la vida... Todos interactuamos con ella todos los días, la degustamos como lo haríamos con un vino, sentimos su borde afilado hasta en las pérdidas insignificantes y en las decepciones. La tomamos de la mano en cada separación, como tomaría un bailarín a su pareja.

EUGENE KENNEDY

Piense en las pequeñas muertes que experimentó esta semana. ¿Qué trataba de decirle su alma?

Honrar a los antepasados

Heredamos de nuestros antepasados dones que a menudo tomamos por obvios: los nombres, el color de los ojos y la textura del pelo, el desarrollo de varias habilidades e intereses en diferentes temas...

Cada uno de nosotros contiene — dentro de su frágil vasija de piel, huesos y células — esta herencia del alma. Somos enlaces entre las generaciones. Contenemos expectativas pasadas y presentes, memorias sagradas y promesas futuras. Sólo cuando reconozcamos que somos herederos, podremos de verdad ser pioneros.

EDWARD C. SELLNER

Observe cómo sus antepasados viven en usted. ¿Qué talentos e intereses ha heredado de ellos?

Percibir las generaciones futuras

Así como la vida que palpita en nuestro cuerpo se remonta a los inicios de la Tierra, también ese latido del corazón contiene el pulso de los que vienen después. Por el poder de nuestra imaginación podemos percibir las generaciones futuras respirando con el ritmo de nuestra propia respiración, o sentirlas revoloteando como una nube de testigos. A veces me imagino que si volviera la cabeza rápidamente, las vislumbraría por encima de mi hombro. Ellas y su reclamo de vida se han vuelto así de reales para mí.

JOANNA MACY

Imagine que está rodeada de sus descendientes. ¿Qué le piden ellos a usted?

SER UN TRANSFORMADOR

A todos se nos asigna un pedazo de jardín, una esquina del universo para que la transformemos. Nuestra esquina del universo es nuestra propia vida: nuestras relaciones, nuestro hogar, nuestro trabajo, nuestras circunstancias actuales, exactamente como son. Cada situación en la que nos encontramos es una oportunidad, perfectamente planeada por el Espíritu Santo, para enseñar amor en vez de miedo.

MARIANNE WILLIAMSON

Piense en algo que usted pueda cambiar, y cámbielo.

No perderse la fiesta

Dios esparce gracia en el mundo como un niño de cinco años esparce mantequilla en un pan: en capas gruesas, de manera desordenada, ansiosamente. Si nos quedamos atrás, tratando de no untarnos, ni siquiera probaremos.

DONNA SCHAPER

No permita que lo deje el tren.

RECONOCER LA MAGIA

La magia es un súbito abrirse de la mente a la maravilla de la existencia. Es una sensación de que la vida es mucho más de lo que usualmente reconocemos; de que no tenemos que estar confinados por las visiones limitadas que la familia, la sociedad, o nuestros pensamientos habituales nos imponen; de que la vida contiene muchas dimensiones, honduras, texturas y significados que van más allá de nuestras creencias y conceptos familiares.

JOHN WELWOOD

*Recuerde algún momento de su vida
en que sintió la magia.*

Usar los sentidos

William Blake dice que el cuerpo es "la parte del alma que perciben los cinco sentidos". Vivo con esa idea. Me siento y miro por la ventana aquí en el Canadá; los árboles otoñales están dorados contra el cielo azul. Puedo sentir su "alimento" entrando por mis ojos y bajando, bajando, bajando, interactuando dentro de mí, y llenándome de oro. Mi alma está satisfecha. Veo, huelo, gusto, oigo y toco. Por los orificios de mi cuerpo, doy y recibo. No trato de captar lo que está ausente. El proceso dinámico de intercambio entre el alma encarnada y el mundo exterior es la forma como sucede el crecimiento. Así es la vida.

MARION WOODMAN

Présteles atención a sus sentidos hoy.
¿Qué le dicen?

APRENDER DEL CUERPO

Mi cuerpo me ha enseñado muchas cosas, todas ellas llenas de alma: cómo bailar y cómo hacer el amor, cómo llorar y cómo hacer música; ahora me está enseñando cómo sanar. Estoy aprendiendo a prestar atención a las cambiantes corrientes de mi cuerpo, a los sutiles cambios de temperatura, de tensión muscular, de pensamiento y de ánimo. Así como un marinero navega con el viento al leer las ondulaciones del agua.

KAT DUFF

*Piense en tres cosas que haya aprendido
de su cuerpo últimamente.*

Abrazar el vacío

El misticismo sano alaba los actos de desprendimiento, de vaciamiento, de contacto con el espacio interior y de expansión de ese espacio hasta su fusión con el espacio exterior. El espacio que se reúne con el espacio; el vacío que se vierte en el vacío. Hay nacimientos que provienen de ese encuentro con el vacío, con la nada... No luchemos contra el vacío y la nada. Dejemos que nos penetren, al mismo tiempo que nosotros los penetramos.

MATTHEW FOX

Despréndase de una idea, una creencia, una explicación o una relación que usted haya utilizado para apuntalar su vida.

VIAJAR

A menudo siento que viajo a alguna región distante del mundo para recordar quién soy realmente. No hay nada misterioso en este procedimiento. Cuando uno se distancia del ambiente habitual, de los amigos, de la rutina diaria... se ve obligado a enfrentar la experiencia directa. Esta experiencia directa inevitablemente lo hace consciente de quién es el que tiene la experiencia. Esto no siempre es cómodo, pero siempre revitaliza.

MICHAEL CRICHTON

Mire fotografías tomadas durante un viaje.
¿Qué descubrió sobre usted mismo
en ese viaje?

Amar un lugar

Amar o dar es el acto más poderoso que se puede realizar al construir un lugar o utilizarlo... El edificio más común puede ser transformado por el espíritu con que es habitado. Ese espíritu se expresa en las flores de las ventanas, en el umbral reluciente, o en el olor del pan recién horneado. Lo que cuenta es que alguien ha hecho lo máximo, no lo mínimo de que es capaz; y la fuente no es la necesidad sino el amor.

THOMAS BENDER

Honre el sitio donde usted vive.

Dejar que
sucedan cosas

Ojalá que usted se aventure y que le sucedan cosas en su vida. Que las elabore y las riegue con su sangre, con sus lágrimas y con su risa hasta que florezcan, hasta que usted misma estalle en florescencia.

CLARISSA PINKOLA ESTÉS

Aventúrese y permita que le sucedan cosas.

Practicar las
artes cotidianas

Cuando practicamos nuestras artes cotidianas, aunque no sea más que la redacción de una carta sentida, estamos desentrañando lo eterno que hay en lo ordinario. Nos estamos involucrando en las cualidades especiales, en los temas y en las circunstancias del alma. El alma florece cuando escribimos un pensamiento en nuestro diario, o cuando apuntamos un sueño y le damos forma a un ligero soplo de eternidad. Nuestros cuadernos se convierten entonces en nuestros propios evangelios y sutras, en nuestros libros sagrados;

(sigue)

y nuestros sencillos dibujos sirven verdaderamente de íconos, tan importantes y significativos para nosotros como lo son para sus congregaciones los maravillosos íconos de las iglesias orientales.

THOMAS MOORE

Elabore su propio libro sagrado, usando partes de su diario y de sus cartas; incluya sus dibujos y sus citas y poemas favoritos.

ENCONTRAR LA VOCACIÓN

Hay que pensar en el trabajo como en una "vocación". Esta palabra puede parecer exagerada, pero lleva una sabiduría en ella. Viene del latín en el que significa "llamar", que a su vez proviene de la palabra "voz". Esos significados aluden a lo que verdaderamente debiera ser el trabajo. Algo que nos llama a lo que queremos hacer. Debiera ser también algo que le da voz a lo que cada uno es y a lo que quiere decirle al mundo.

KENT NERBURN

Piense en los dos aspectos de su trabajo que más le gustan. Reflexione sobre cómo estas actividades son expresiones de su alma.

Escuchar la voz interior

Mi padre siempre decía: "Si das un paso y te sientes bien, debes ir en la dirección correcta". Lo que él quería que entendiéramos era que teníamos que medir nuestro progreso de acuerdo con un compás interno, usando nuestras emociones, nuestro grado de comodidad y conocimiento de nosotros mismos como la guía fundamental...

He pasado la mayor parte de mi vida de adulto tratando de escuchar esa voz interior por entre el ruido que hay a mi alrededor... Suavemente dice que la felicidad es tan sencilla como esperar algo con ilusión cada mañana... Dice, en un

(sigue)

murmullo que me tengo que esforzar para oír, que ahora es el momento de gozar.

LINDA WELTNER

Piense en la última vez que escuchó su voz interior. ¿Qué le dijo?

CONSENTIRSE

Consentirse de vez en cuando con pequeños placeres es básico para una vida saludable y satisfactoria... Necesitamos rodearnos de pequeñas recompensas que signifiquen algo para nosotros, y que podamos identificar: un trago de vino, una salida de compras, unas vacaciones merecidas, una carcajada vigorosa, o un llanto que desahogue. Estos pequeños gustos pueden revitalizar y hacer más alegre nuestra vida.

ROBERT ORNSTEIN
Y DAVID SOBEL

*Regálese algo especial que haya deseado
hace mucho tiempo.*

Buscar contemporáneos

"¿Quiénes son mis contemporáneos?", se pregunta Juan Gelman.

Juan dice que a veces se cruza con hombres que huelen a miedo, en Buenos Aires, en París o en cualquier parte del mundo, y siente que esos hombres no son sus contemporáneos. Pero hay un chino que hace miles de años escribió un poema, acerca de un pastor de cabras que está lejísimos de la mujer amada y sin embargo puede escuchar, en medio de la noche, en medio de la nieve, el rumor del peine en su pelo; y

(sigue)

leyendo ese remoto poema, Juan comprueba que sí, que ellos sí: que ese poeta, ese pastor y esa mujer son sus contemporáneos.

EDUARDO GALEANO

Exprésele su aprecio a alguien que comparte sus entusiasmos y que siempre está sintonizado con usted.

RECONOCER A LOS ÁNGELES

Cada brizna de hierba tiene un ángel que se inclina sobre ella y le susurra: "¡Crece! ¡Crece!"

EL TALMUD

Órele al ángel que lo haya ayudado en las dificultades o bendecido con alguna alegría inesperada.

CREER EN PROFETAS

No se sienta mal ni se excuse nunca por creer que el mundo puede hacer una pausa y ponerse a escuchar cuando alguien se arriesga a enfrentarlo con una verdad. Hay demasiada evidencia de lo contrario...

El mito del sueño imposible es más poderoso que todos los hechos de la historia.

ROBERT FULGHUM

Sea solidario con alguien que trata de deshacer un agravio o de cambiar el mundo.

DESCUBRIR SANTOS

El problema no es tanto hacia dónde mirar para encontrar gente santa, sino cómo quitarnos las anteojeras. Porque los santos están aquí, ahora, como han existido en cada generación durante los dos últimos milenios.

JOHN J. DELANEY

Lea historias de santos de diferentes tradiciones religiosas. Identifique las cualidades espirituales que deben buscarse en los santos de hoy.

CELEBRAR

La celebración es una forma de alimento que todos necesitamos en la vida. Cada individuo trae una receta especial o una ofrenda para que todos juntos hagamos una gran fiesta. Celebrar es una necesidad humana que no debemos ni podemos negar. Es más enriquecedora y gratificante cuando muchos trabajan y luego celebran juntos.

CORITA KENT Y JAN STEWARD

Reúnase con sus amigos y celebre.

APRECIARSE

Algunas tradiciones chamánicas en Africa y Oceanía se ocupan de la salud y del bienestar mediante lo que se llama "trabajo de cuna": una práctica en cuatro etapas para mantenerse conectado con los aspectos buenos, verdaderos y bellos de la propia naturaleza. En el trabajo de cuna nos acostamos boca arriba y ponemos las dos manos sobre el corazón. En silencio, reconocemos las cualidades de carácter que apreciamos en nosotros mismos: nuestras fortalezas; las contribuciones que se nos han hecho y se nos siguen haciendo; el amor que hemos dado y el que hemos recibido.

ANGELES ARRIEN

Haga una lista de declaraciones positivas sobre usted mismo, para apoyarse en ellas en situaciones difíciles.

ENCARAR LOS DEMONIOS

Batallar contra un demonio implica abrazarlo, enfrentarlo con visión clara y corazón humilde. Huir de un demonio es tan poco eficaz como escapar de un perro rabioso, pues con seguridad ésta es una señal que sólo atrae la persecusión. Lo que combatimos, persiste. Estos demonios, estas partes nuestras que nos persiguen, nos torturan y nos limitan, son los agentes del cambio. Le tiran el guante al guerrero que tenemos dentro para desafiarlo a un duelo.

STEPHANIE ERICSSON

Imagine que con una linterna usted ilumina la cara de sus demonios. ¿Cómo reaccionan? Manténgase firme y observe qué pasa.

AMAR AL VECINO

¿Quién es nuestro vecino: el samaritano? el indigente? el enemigo? Sí, sí, claro. Pero también es la ballena, el delfín y la selva. Nuestro vecino es toda la comunidad de la vida, el universo entero. Lo debemos querer tanto como a nosotros mismos.

BRIAN PATRICK

Piense en cómo podría expandir el círculo de su amor.

REEVALUAR

Hay una vieja historia acerca de un hombre que escribió al Ministerio de Agricultura de su país para averiguar qué podía hacer con la mala hierba que estaba acabando con su jardín. El Ministerio le hizo unas cuantas sugerencias. El hombre las ensayó todas, pero no pudo eliminar por completo la mala hierba. Exasperado, volvió a escribir al Ministerio anotando que todos los métodos sugeridos habían fallado. Su césped seguía plagado de maleza. Obtuvo una breve respuesta: "Le sugerimos que aprenda a quererla".

(sigue)

Ése es el arte de reevaluar: redefinir algo para que ya no sea tan problemático. Obviamente no es la situación la que cambia, sino la perspectiva sobre la situación.

ROBERT H. Y JEANETTE C. LAUER

Analice un viejo problema desde otra perspectiva.

Disfrutar los momentos
de felicidad

He estado pensando sobre la felicidad.
Cuán errado es esperar que ella dure o
que sea continua. Lo que existe son *instantes* de felicidad. Y casi todos los días
contienen al menos un instante de felicidad.

MAY SARTON

*Tenga un librito en el cual vaya anotando
sus momentos de felicidad.*

CREER EN MILAGROS

Los milagros resultan de nuestro reconocimiento de que aun las peores noticias son sólo un corto capítulo; todo el argumento es un misterio que se revela gradualmente. Sea humilde en su incertidumbre perpetua.

PAUL PEARSALL

Piense en los milagros que le han sucedido a usted o a otras personas. ¿Cuánto de ellos es inexplicable?

Vivir con obstáculos

Durante mucho tiempo me pareció que la vida estaba a punto de empezar; la verdadera vida. Pero siempre había algún obstáculo en el camino; algo que había que superar primero, algún asunto que terminar, un tiempo del cual aún no disponía, una deuda que cancelar. Sólo entonces la vida empezaría. Al fin me di cuenta de que estos obstáculos eran mi vida.

ALFRED D'SOUZA

Piense en los obstáculos que continuamente aparecen en su vida.

Producir equilibrio

A los Amish* les gusta usar en sus tejidos el diseño de "sol y sombra". Éste muestra dos lados, el oscuro y el claro, el espíritu y la forma, con el reto de involucrarlos en una unidad mayor. No es una escogencia entre extremos: el conformismo o la libertad, la disciplina o la imaginación, la aceptación o la duda, la humildad o el egocentrismo. Es un acto de equilibrio que incluye los opuestos.

SUE BENDER

* Seguidores de Jacob Amman (1603), obispo menonita suizo, que se establecieron en los Estados Unidos en el siglo XVIII y son conocidos por la estrictez de sus costumbres.

¿Qué esfuerzos ha hecho usted por encontrar el equilibrio en su vida? ¿Qué prácticas espirituales le han ayudado en este intento?

CUIDAR A SU PAREJA

Nuestra pareja es como una planta. Si la cuidamos bien, crece bella. Si la cuidamos mal, se seca. Para ayudar al crecimiento de una planta, debemos entender su naturaleza. ¿Qué tanta agua necesita? ¿Qué tanto sol? Miramos en lo profundo de nosotros mismos para ver nuestra verdadera naturaleza, y miramos dentro de la otra persona para ver su naturaleza.

THICH NHAT HANH

Busque dentro de su pareja su verdadera naturaleza y aprenda a cuidarla.

ENCONTRAR A UN
AMIGO DEL ALMA

Un amigo del alma es alguien con quien podemos compartir nuestras más grandes alegrías y nuestros temores más profundos, a quien podemos confesar nuestros peores pecados y nuestras fallas más persistentes, y a quien podemos confiar nuestras más grandes esperanzas y, tal vez, nuestros anhelos más ocultos.

EDWARD C. SELLNER

Ábrale su corazón a un amigo del alma.

AGRADECER A ALGUIEN

Una de las palabras más nobles en nuestro idioma es *gracia*, definida como "bendición no ganada". Vivimos más gracias a ella que a otra cosa. En consecuencia, quiero poner en práctica en mi propia vida el hábito consciente y deliberado de encontrar a alguien a quien agradecer.

ELTON TRUEBLOOD

Nunca deje de expresar su agradecimiento a los que lo rodean.

SIEMPRE PEDIR PERMISO

Nunca tome una hoja ni mueva una piedrita sin pedir permiso. Siempre pida permiso. Eso mantiene la armonía y enseña a ser humilde. La hoja que quiere arrancar podría ser mucho más importante que el pequeño propósito que usted tiene en mente. Usted no sabe, así que pida permiso primero.

DON JOSÉ MATSUWA

Reflexione sobre los derechos de los animales, las plantas y todos los habitantes de la Tierra.

SER REVERENTE

El alma sufre con la irreverencia. Vivimos en una época que entiende lo que es el respeto; aquel que se gana a través de los logros, el poder o las acciones. Vivimos en una época que entiende lo que significan los derechos, las obligaciones y los compromisos; pero tenemos dificultad en experimentar la reverencia, porque ella nace en un lugar más profundo. La reverencia requiere la experiencia de lo "otro", de la "otredad" de ese otro que cruza nuestro camino.

D. STEPHENSON BOND

Aprenda a disfrutar de ese sentimiento de íntima admiración y respeto que algunas personas despiertan en su corazón.

No olvidar nunca que se puede ser un mensajero

Sabemos que la gente común es mensajera de lo más alto. Ellos hacen sus tareas en santo anonimato; a menudo, sin saberlo incluso ellos mismos. Pero si esa gente no hubiera estado ahí, si no hubiera dicho lo que dijo o hecho lo que hizo, las cosas no serían como son ahora, ni nosotros seríamos como somos ahora. No olvide nunca que usted mismo también puede ser un mensajero.

LAWRENCE KUSHNER

Piense en una ocasión en que alguien le haya dicho que usted es un ángel.

Descansar en la gracia del mundo

Cuando la desesperanza por el mundo
crece en mí
y me despierto durante la noche
con el más mínimo ruido,
con miedo de lo que pueda ser
de mi vida y la de mis hijos;
voy a recostarme allí
donde el pato del bosque
descansa en su belleza sobre el agua,
y la gran garza se alimenta.
Entro en la paz de las cosas salvajes
que no cargan sus vidas
con la aprehensión de la pena.

(sigue)

Entro en la presencia del agua inmóvil,
y siento frente a mí las estrellas,
ciegas de día,
que esperan con su luz.
Descanso, por un rato,
en la gracia del mundo,
y soy libre.

WENDELL BERRY

*Recuerde las ocasiones en que la naturaleza
le ha servido de consuelo.*

No perder la esperanza

Al borde del abismo, siempre surge la esperanza. Ella es el aliento adicional de un pulmón exhausto; una cosa más para intentar cuando ya todo ha fallado; la vida que se levanta cuando el cansancio se cierne sobre todo empeño. Ésta es la base de la confianza en los momentos de desesperación; el incentivo para seguir adelante cuando los tiempos se han descoyuntado y los hombres han perdido la razón; la fuente de seguridad cuando los mundos chocan y los sueños se convierten en cenizas.

HOWARD THURMAN

No tema a los momentos difíciles; aguarde y verá surgir una respuesta.

CUIDAR LA CURIOSIDAD

La gran aventura amorosa con la vida es vivir tan variadamente como sea posible, cuidar nuestra curiosidad como lo haríamos con un vigoroso caballo purasangre; montarse en él y galopar sobre las redondas y asoleadas colinas todos los días... Todo empieza como un misterio, y termina como un misterio, pero ¡qué país tan salvaje y hermoso se extiende en medio!

DIANE ACKERMAN

Ejercite su curiosidad y conozca cada día un poco más del maravilloso mundo que se extiende a su alrededor.

ESCUCHAR LA VIDA

Escuche su vida. Véala como el insondable misterio que es. Tanto en el aburrimiento y el dolor, como en la agitación y el contento: toque, saboree, huela su camino hacia el sagrado y escondido corazón de la vida; porque en el último análisis, todos los momentos son momentos cruciales, y la vida misma es gracia.

FREDERICK BUECHNER

*Trate de entender las dimensiones espirituales
de las experiencias de su vida.*

LLEGAR AL LÍMITE
DE LAS PALABRAS

Nada menos que el universo entero puede ser nuestro verdadero hogar. Pero ¿cómo hablar, o siquiera pensar en el todo de las cosas? El lenguaje es sólo una ayuda modesta. Cada frase es una red frágil que capta algunos trocitos de significado. El sol brilla sin vocabulario. El salmón no tiene nombre para el impulso que lo conduce río arriba. El recién nacido que busca a tientas el pezón conoce el hambre mucho antes de saber una sola palabra. Aun con un diccionario entero en la cabeza, finalmente

(sigue)

llegamos al límite de las palabras. Y entonces ¿qué? Después debemos comer como el bebé, nadar como el salmón, arder como cualquier estrella fugaz.

SCOTT RUSSELL SANDERS

Respire hondo y guarde silencio.

Referencias

Expresamos nuestros agradecimientos por el permiso para reproducir el siguiente material:

Pág. 1. Helen Mellicost. Citado en *One Hundred Graces*, seleccionado por Marcia y Jack Kelly. Nueva York: Bell Tower, 1992.

Pág. 2. Breve cita de *A House with Four Rooms* de Rumer Godden. Copyright 1989 por Rumer Godden. Reimpreso con el permiso de William Morrow & Company, Inc.

Pág. 3. Pasaje de *The Clown in the Belfry: Writings on Faith and Fiction* por Frederick Buechner, pág.170. Copyright 1992 por Frederick Buechner. Reimpreso con el permiso de HarperCollins Publishers, Inc.

Pág. 4. John Updike. Citado en "Can a Nice Novelist Finish First?" (entrevista de Jane Howard). Revista *Life*, noviembre 4, 1966.

Pág. 5. Lawrence Kushner en *God Was in This Place and I, I Did Not Know: Finding Self, Spirituality and Ultimate Meaning*. Woodstock, VT: Jewish Lights Publishing, 1991 (p.25). Permiso otorgado por Jewish Lights Publishing, P.O. Box 237, Woodstock, VT 05091.

Pág. 6. Abraham H. Maslow en *Religions, Values and Peak Experiences*. Nueva York: Viking Press, 1972. Copyright 1964 por Kappa Delta Pi, International Honor Society in Education.

Pág. 7. Pasaje de *Care of the Soul: A Guide for Cultivating Depth and Sacredness in Everyday*

Life por Thomas Moore, pág. 287. Copyright 1992 por Thomas Moore. Reimpreso con el permiso de HarperCollins Publishers, Inc.

Pág. 8. Sacado de *Touching Peace: Practicing the Art of Mindful Living* (1992) por Thich Nhat Hanh. Citado con el permiso de Parallax Press, Berkeley, CA.

Pág. 9. Relato hasídico. Citado en *Peacemaking Day by Day*. Erie, PA: Pax Christi, 1985.

Pág. 11. Pasaje de *Choices (Making Right Decisions in a Complex World)* por Lewis B. Smedes, pág. 13. Copyright 1986 por Lewis B. Smedes. Reimpreso con el permiso de HarperCollins Publishers, Inc.

Pág.12. De *The More We Find in Each Other: Meditations for Couples* por Mavis y Merle Fossom. Copyright 1992 por Hazelden Foundation, Center City, MN. Reimpreso con permiso.

Pág. 13. H.L. Puxley en "The Church and the Paranormal". *International Journal of Parapsychology* 8,2 (Primavera 1966).

Pág. 14. De *Money and the Meaning of Life* por Jacob Needleman. Copyright 1991 por Jacob Needleman. Citado con el permiso de Doubleday, una división de Bantam Doubleday Dell Publishing Group, Inc.

Pág. 15. John of Ruysbroeck. Citado en *The Common Experience: Signposts on the Path to Enlightment* por J. M. Cohen y J.F. Phipps. Wheaton, IL: Quest Books, 1992.

Pág. 16. Shunryu Suzuki-roshi en *Zen Mind, Beginner's Mind*. Nueva York: Weatherhill, 1970.

Pág. 17. Breve cita de *Family Tales, Family Wisdom: How to Gather the Stories of a Lifetime and Share Them with your Family* por Dr. Robert U. Akeret con Daniel Klein. Reimpreso con el permiso de William Morrow & Company, Inc.

Pág.18. Albert Schweitzer. Citado en *The Search for Meaning: Americans Talk About What They Believe and Why* por Phillip L. Berman. Copyright 1990 por Phillip L. Berman. Nueva York: Ballantine, 1993.

Pág. 19. David A. Cooper en *Silence, Simplicity, and Solitude: A Guide for Spiritual Retreat*. Copyright 1992 por David Cooper. Nueva York: Bell Tower, 1992.

Pág. 20. Ram Dass en *Compassion in Action: Setting Out on the Path of Service* por Ram Dass y Mirabai Bush. Copyright 1992 por Ram Dass y Mirabai Bush. Nueva York, Bell Tower, 1992.

Pág. 21. Robert C. Solomon en *A Passion for Justice: Emotions and the Origins of the Social Contract*. Copyright 1990 por Robert C. Solomon. Reimpreso con el permiso de Addison-Wesley Publishing Co., Inc., Reading, MA.

Pág. 22. De *The Return of the Prodigal Son: A Meditation on Fathers, Brothers, and Sons* por Henri J. M. Nouwen. Copyright 1992 por Henri J.M. Nouwen. Citado con el permiso de Doubleday, una división de Bantam Doubleday Dell Publishing Group, Inc.

Pág. 23. Pasaje de *Wisdom Distilled from the Daily: Living the Rule of St. Benedict Today* por Joan D. Chittister, págs. 130-131. Copyright 1990 por Joan D. Chittister. Reimpreso con el permiso de HarperCollins Publishers, Inc.

Pág. 24. *Simplicity: The Art of Living* por Richard Rohr. Nueva York: Crossroad, 1993. Citado con el permiso de The Crossroad Publishing Company.

Pág. 25. Baal Shem Tov.

Pág. 26. Lao Tzu. Citado en *The Tao of Peace* por Diane Dreher. Nueva York: Donald I. Fine, 1990 (p.81). Reimpreso con el permiso de Donald I. Fine, Inc.

Pág. 27. Pasaje de *The Pill Versus the Springfield Mine Disaster* por Richard Brautigan. Copyright 1968 por Richard Brautigan. Reimpreso con el permiso de The Helen Brann Agency, Inc.

Pág. 28. Barry Lopez en *The Rediscovery of North America.* Nueva York: Vintage/Random House, 1992. Copyright 1992 por Barry Lopez. Reimpreso con el permiso de Sterling Lord Literistic, Inc.

Pág. 29. Thomas Merton en *Contemplation in a World of Action.* Garden City, NY: Doubleday & Co., 1971 (p.345).

Pág. 30. Pasaje de *Pilgrim at Tinker Creek* por Annie Dillard. Copyright 1974 por Annie Dillard. Reimpreso con el permiso de HarperCollins Publishers, Inc.

Pág. 31. Pasaje de *Creation Spirituality:*

the Mysteries of Tradition. Rockport, MA:
Element, 1992 (p. 78).

Pág. 45. De *Hearts That We Broke Long Ago* por
Merle Shain. Copyright 1983 por Merle Shain.
Citado con el permiso de Bantam Books, una división
de Bantam Doubleday Dell Publishing Group, Inc.

Pág. 46. De *Enjoying the World: The
Rediscovery of Thomas Traherne* por Graham
Dowell. Copyright 1990. Citado con el permiso de
Morehouse Publishing.

Pág. 47. De *Awareness* por Anthony de Mello,
S.J. y Francis Stroud, S.J., editor. Copyright 1990
por The Center for Spiritual Exchange. Citado con
el permiso de Doubleday, una división de Bantam
Doubleday Dell Publishing, Inc.

Pág. 48. De *The Wisdom of Heschel* (Pasaje de
"Wonder... Radical... Amazement... Awe") por
Abraham Joshua Heschel. Editado por Ruth Marcus
Goodhill. Nueva York: Farrar, Straus & Giroux, 1975.

Pág. 49. Helen M. Luke en *Kaleidoscope: "The
Way of Woman" and Other Essays*. Nueva York:
Parabola Books, 1992 (p.212).

Pág. 50. Joseph Gosse en "Inexhaustible
Springs". *Spiritual Life* 36, 1 (Primavera 1990).

Pág. 51. De *Learning by Heart* de Jan Steward y
Corita Kent. Copyright 1992 por Corita Kent y Jan
Steward. Citado con el permiso de Bantam Books,
una división de Bantam Doubleday Dell Publishing
Group, Inc.

Pág. 52. Pasaje de *Apology for Wonder* por Sam
Keen, p. 197. Copyright 1969 por Sam Keen.

Pág. 60. Pasaje de *A Returnn to Love: Reflections on the Principles of A Course in Miracles* por Marianne Williamson, p. 66. Copyright 1992 por Marianne Williamson. Reimpreso con el permiso de HarperCollins Publishers, Inc.

Pág. 61. *Stripping Down: The Art of Spiritual Restoration* por Donna Schaper. Copyright 1991 por LuraMedia, Inc., San Diego, CA.

Pág. 62. John Welwood en *Ordinary Magic: Everyday Life as Spiritual Path.* Boston: Shambhala, 1992 (p.xiii).

Pág. 63. Marion Woodman en una entrevista con China Galland (Rachel V.). Reimpreso en *Conscious Feminity.* Toronto, Canada: Inner City Books, 1993 (págs. 44-45). Citado con el permiso de China Galland.

Pág. 64. De *The Alchemy of Illness* por Kat Duff. Copyright 1993 por Kat Duff. Reimpreso con el permiso de Pantheon Books, una división de Random House, Inc.

Pág. 65. Pasaje de *Creation Spirituality: Liberating Gifts for the Peoples of the Earth* por Matthew Fox, p. 48. Copyright 1991 por Matthew Fox. Reimpreso con el permiso de HarperCollins Publishers, Inc.

Pág. 66. Michael Crichton en *Travels.* Copyright 1988 por Michael Crichton. Nueva York: Alfred A. Knopf, 1988.

Pág. 67.Thomas Bender en *The Power of Place:*

Sacred Ground in Natural & Human Environments. Editado por James A. Swan. Wheaton, IL: Quest Books, 1991.

Pág.68. Clarissa Pinkola Estés en *Women Who Run with the Wolves: Myths and Stories of the Wild Woman Archetype.* Copyright 1992 por Clarissa Pinkola Estés. Nueva York: Ballantine, 1992.

Pág. 69. Pasaje de *Care of the Soul: A Guide for Cultivating Depth and Sacredness in Everyday Life* por Thomas Moore, p. 304. Reimpreso con el permiso de HarperCollins Publishers, Inc.

Pág. 71. De *Letters to My Son* por Kent Nerburn, 1993. Reimpreso con el permiso de New World Library, San Rafael, CA 94903.

Pág. 72. Breve cita de *No Place Like Home: Rooms and Reflections from One Family's Life* por Linda Weltner. Copyright 1988 por Linda Weltner. Reimpreso con el permiso de William Morrow & Company, Inc.

Pág. 74. *Healthy Pleasures* (págs. 200-201), copyright 1990 por Robert Ornstein, Ph.D. y David Sobel, M.D. Reimpreso con el permiso de Addison-Wesley Publishing Company, Inc.

Pág. 75. Eduardo Galeano. "El Arte y el Tiempo", en *El libro de los abrazos.* Madrid: Siglo XXI, 1989, p. 230.

Pág. 77. El Talmud. Citado en *Storytelling & the Art of Imagination* por Nancy Mellon. Rockport, MA: Element, 1992.

Pág. 78. De *Maybe (Maybe Not): Second Thoughts From a Secret Life* por Robert Fulghum. Copyright 1993 por Robert Fulghum. Reimpreso con el permiso de Villard Books, una división de Random House, Inc.

Pág. 79. De *Saints Are Now* por John Delaney. Copyright 1981 por John J. Delaney. Citado con el permiso de Doubleday, una división de Bantam Doubleday Dell Publishing Group, Inc.

Pág. 80. De *Learning by Heart* por Jan Steward y Corita Kent. Copyright 1992 por Corita Kent y Jan Steward. Usado con el permiso de Bantam Books, una división de Bantam Doubleday Dell Publishing Group, Inc.

Pág. 81. Pasaje de *The Four-Fold Way: Walking the Paths of the Warrior, Teacher, Healer, and Visionary* por Angeles Arrien, págs. 61-62. Copyright 1993 por Angeles Arrien. Reimpreso con el permiso de HarperCollins Publishers, Inc.

Pág. 82. Pasaje de *Companion Through the Darkness: Inner Dialogues on Grief* por Stephanie Ericsson, págs. 53-54. Copyright 1993 por Stephanie Ericsson. Reimpreso con el permiso de HarperCollins Publishers, Inc.

Pág. 83. Brian Patrick. Citado en *Earthspirit: A Handbook for Nurturing an Ecological Unity* por Michael Dowd. Mystic, CT: Twenty-Third Publications, 1991. Reimpreso con el permiso de Twenty-Third Publications, P. O. Box 180, Mystic, CT 06355.

Pág. 84. De *Watersheds: Mastering Life's*

Pág. 93. Don José Matsuwa. Reimpreso de *Profiles in Wisdom: Native Elders Speak About the Earth* por Steve McFadden. Copyright 1991, Bear & Company, P.O. Box 2860, Santa Fe, NM 87504.

Pág. 94. D. Stephenson Bond en *Living Myth: Personal Meaning as a Way of Life.* Boston: Shambhala, 1993 (p. 177).

Pág. 95. Lawrence Kushner en *Honey from the Rock: Visions of Jewish Mystical Renewal.* Woodstock, VT: Jewish Lights, 1990. Permiso otorgado por Jewish Lights Publishing, P.O. Box 237, Woodstock, VT 05091.

Pág. 96. "The Peace of Wild Things" de *Openings.* Copyright 1968 por Wendell Berry. Reimpreso con el permiso de Harcourt Brace & Co.

Pág. 98. Pasaje de *The Inward Journey: Writings of Howard Thurman* por Anne Spencer Thurman. Copyright 1984 por Sue Bailey Thurman. Reimpreso con el permiso de Harcourt Brace & Co.

Pág. 99. Diane Ackerman en *Natural History of the Senses.* Copyright 1990 por Diane Ackerman. Nueva York: Random House, 1990.

Pág. 100. Pasaje de *Now and Then* de Frederick Buechner, p. 87. Copyright 1983 por Frederick Buechner. Reimpreso con el permiso de HarperCollins Publishers, Inc.

Pág. 101. De *Staying Put: Making a Home in a Restless World* por Scott Russell Sanders. Copyright 1993 por Scott Russell Sanders. Reimpreso con el permiso de Beacon Press.

AGRADECIMIENTOS

Este libro surgió de nuestro trabajo en la revista *Values & Visions: A Resource Companion for Spiritual Journeys*, revista del Cultural Information Service (CIS), organización sin ánimo de lucro que fundamos y codirigimos. Expresamos nuestro agradecimiento a todos los miembros del CIS por su apoyo continuo a nuestras incursiones en el terreno de la espiritualidad y del alma en el mundo contemporáneo. Agradecemos en particular a Bill Moyers, Sam Keen, Howard Moody, Bryant Kirkland, Bill Malcomson, Philip Michael, Neil Topliffe, Jan y Cliff York, Marge y Paul Patterson, Karl Koss, Fred Hofheinz, Craig Dykstra y Jim Wind. Un agradecimiento especial a Carolyn Dutton, extraordinaria mecanógrafa, por su habilidad y numerosos aportes.

Ha sido un privilegio compartir nuestros viajes espirituales con Patricia Repinski, Ieva Graufelds, Cora Louise

Kevan, Les Schwartz, Debra Farrington, Kenyon Taylor, Lynn Nezin y Joy Carol. Mary Ann agradece de manera especial la amistad y las orientaciones de Gerald Epstein, con quien aprendió a entender las maravillosas imágenes de su vida interior.

Queremos agradecer también a todos los escritores representados en este libro por sus ideas y sus ideales. Ellos han enriquecido nuestras vidas verdaderamente. Frederic expresa su reconocimiento a Thomas Moore, por su definitivo trabajo sobre el alma. Recuerda con gratitud las "epifanías" que acompañaron su lectura de *Care of the Soul*.

Apreciamos igualmente la cooperación de numerosos editores y publicistas para ponernos al día con las nuevas publicaciones y hacernos conocer a tantos maestros contemporáneos. Nos complace que Kandace Hawkinson, nuestra editora en HarperSanFrancisco, haya reconocido la sabiduría que se escondía en una colección de citas publicada en *Values & Visions*, y que nos haya animado a hacerla más extensa en este libro. Hemos disfrutado enormemente de su acertada visión y entusiasmo.

Finalmente, expresamos nuestro amor a Boone, Bebb y Glory Days, en Half Moon Bay, por sus contribuciones únicas al cuidado de nuestras almas.

SOBRE LOS EDITORES

Frederic y Mary Ann Brussat, directores del Cultural Information Service, han hecho el cubrimiento del escenario cultural norteamericano desde la perspectiva de los valores durante veinticinco años. Son escritores/editores de la revista bimensual *Values & Visions: A Resource Companion for Spiritual Journeys,* la cual ha sido llamada por Bill Moyers "la guía más original y refrescante de lo que es realmente valioso en la sociedad norteamericana". También producen *The Values & Visions Circles Newsletter,* una publicación complementaria con guías de discusión para grupos pequeños. Las dos publicaciones están dedicadas a fomentar la "alfabetización espiritual", definiendo las dimensiones espirituales de la vida contemporánea tal como se presentan en nuevos libros, películas, vídeos, audiocasetes hablados y programas de radio y televisión.

Los Brussat reseñan películas desde una perspectiva espiritual para el Faith & Values Channel, una estación de televisión por cable. A través de *The Values & Visions Reviews Service* proveen reseñas de libros, películas, vídeos y audios a estaciones de radio, periódicos y a la red de computador Ecunet.

Frederic es pastor de la United Church of Christ con un ministerio basado en el periodismo. Los Brussat viven en la ciudad de Nueva York. Este es su primer libro.